Das kleine Buch für

Buchliebhaber

Das kleine Buch für
Buchliebhaber

Herausgegeben von Christiane Schlüter

HEYNE

www.heyne.de
Printed in Germany 2009
Umschlaggestaltung und Illustrationen:
Hauptmann & Kompanie Werbeagentur,
München – Zürich
Satz: Leingärtner, Nabburg
Druck und Bindung: RMO, München
ISBN 978-3-453-16310-2

Lesen macht glücklich! Das ist eine Wahrheit, die wie jede richtige Erkenntnis immer wieder neu formuliert werden kann, ohne dabei etwas von ihrer Tiefe zu verlieren. Ja, Lesen macht letztendlich glücklich! Sogar dann, wenn es – was ja auch geschehen kann – zuweilen mühsam ist. Denn immer nimmt man aus der Lektüre etwas für sich mit, ganz gleich, ob man sich nun in Harmonie von einem fertiggelesenen Buch verabschiedet oder im Widerspruch zu ihm. Dieses Büchlein versucht, dem vielgestaltigen Glück des Lesens auf die Spur zu kommen. Es fragt nach der Faszination, die von der Literatur ausgeht, es fragt nach der Kunst des Schreibens und der des Lesens und nach der Bedeutung, die Bücher für unser Leben haben. Die Antworten sind vielfältig. Sie finden sich bei großen Schriftstellern ebenso wie bei den Millionen unbekannten Lesern, ohne die unsere Buchwelt ja ebenso wenig existieren könnte. Entstanden ist auf diese Weise ein Spiegel für alle, die Bücher lieben – ein magisches Glas, in dem sie sich und ihre eigene Leidenschaft wiedererkennen können. Lesen Sie, genießen Sie – und verschenken Sie das Büchlein weiter an die Menschen, die Ihre Liebe zum Buch mit Ihnen teilen.

Christiane Schlüter

Ach, wie gut ist es,
unter lesenden Menschen zu sein.

Rainer Maria Rilke

Jeder Schriftsteller,
der unseren Geist
und unsere Seele berührt,
begegnet uns wie ein guter Freund.

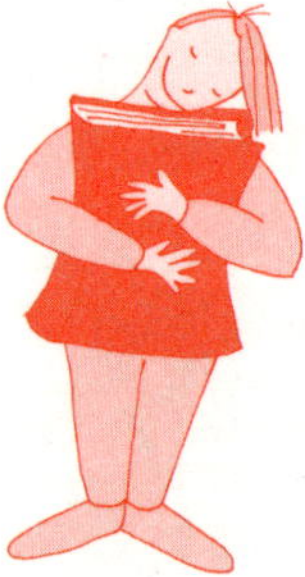

Nicht Worte sollen wir lesen,
sondern den Menschen,
den wir hinter den Worten fühlen.

Samuel Butler

Das ist Glück:
ein spannendes Buch zu lesen
und zu wissen,
dass es noch lange
nicht zu Ende ist.

Wer zwei Hosen hat,
sollte eine verkaufen und sich
davon ein Buch kaufen.

Maxim Gorki

Wer liest,
sündigt nicht.

Ein Buch ist wie ein Garten,
den man in der Tasche trägt.

Sprichwort aus Arabien

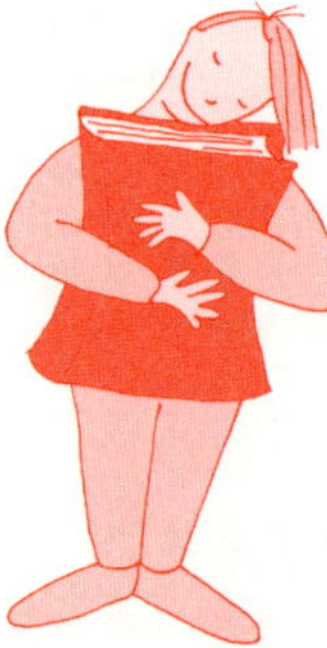

Wo Geschichten erzählt werden,
da lass dich ruhig nieder.

Ein Buch, das man liebt,
darf man nicht leihen,
sondern muss es besitzen.

Friedrich Nietzsche

Es gibt die Liebe auf
den zweiten Blick –
auch beim Lesen!

In einem guten Buche stehen
mehr Wahrheiten,
als sein Verfasser hineinzu-
schreiben meinte.

Marie Freifrau von Ebner-Eschenbach

Es kommt nicht auf
die äußere Schönheit an.
Hinter manchem unscheinbaren
Einband verbirgt sich
ein wahrer Schatz.

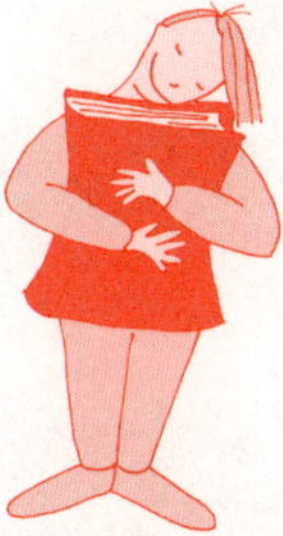

Es ist selten ein Buch
ohne Eselsohr.

Abraham a Sancta Clara

Eselsohren
sind die Knutschflecken,
die ein Leser seinem Buch verpasst.

Welchen Leser ich wünsche?
Den unbefangensten, der mich,
sich und die Welt vergisst
und in dem Buche nur lebt.

Friedrich Schiller

Das Lesen ist auch
deshalb so wundervoll,
weil es uns in einen Zustand
des Schwebens versetzt.

Man braucht nur
ein wenig Fantasie,
und alle Schlösser öffnen sich.

Karl Friedrich H.
Freiherr von Münchhausen

Bücher eignen sich gut als Trostpflaster bei so manchem Kummer.

Über jedem guten Buche muss
das Gesicht des Lesers von Zeit
zu Zeit hell werden.

Christian Morgenstern

Zwei kleine Wörtchen halten
eine gute Geschichte am Laufen:
»Und dann?«

Schreiben ist leicht.
Man muss nur die falschen
Wörter weglassen.

Mark Twain

Ein Leser spürt meist ganz genau,
ob der Autor ihn ernst nimmt.

Ich habe noch nie
einen Kummer gehabt,
den eine Viertelstunde Lektüre
nicht zerstreut hätte.

*Charles de Secondat Baron de la Brède
et de Montesquieu*

Die drei lebenswichtigen L:
Lesen – Lachen – Lieben!

Lesen Sie – lesen Sie –
lesen Sie *viel*. Lesen Sie alles.

Bücher bekommt man rezeptfrei.
Zu Risiken und Nebenwirkungen
aber befrage man den Buchhändler
oder Bibliothekar.

Streng genommen hat nur
eine Sorte Bücher das Glück
unserer Erde vermehrt:
die Kochbücher.

Joseph Conrad

Die wirklich guten Geschichten
können immer wieder neu
erzählt werden.
Sie langweilen nie.

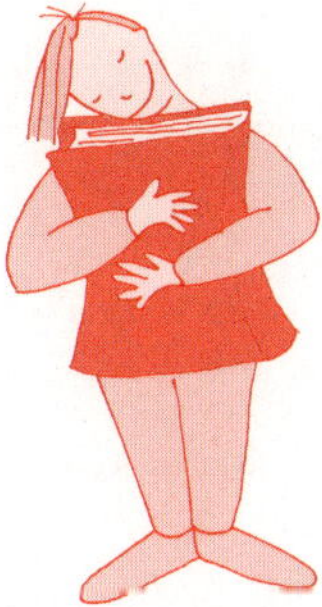

Auf dem Sofa liegen
und einen guten Roman lesen
ist ein Vorgeschmack
der ewigen Seligkeit.

Horace Walpole

Für Tränen,
die beim Lesen vergossen werden,
braucht sich niemand zu schämen.

In einem Buch müssen sich Sätze
wie die Blätter im Wald bewegen,
alle in ihrer Ähnlichkeit
unähnlich.

Gustave Flaubert

Nach jedem Buch brauchen
wir eine kleine Atempause,
während der wir uns von ihm
verabschieden können.

Kultur ist nichts Sichtbares,
sondern das unsichtbare Band,
das die Dinge zusammenhält.

Joseph Joubert

Das, was zwischen den Zeilen steht, ist oft wesentlicher als der gedruckte Buchstabe.

Bücher sind Bienen,
die lebenzeugenden Blütenstaub
von einem Geist
zum andern tragen.

James Russell Lowell

Im Himmel muss es
eine Bibliothek geben.

Die Zukunft gehört dem Buch
und nicht der Bombe,
dem Leben und nicht dem Tod.

Victor Hugo

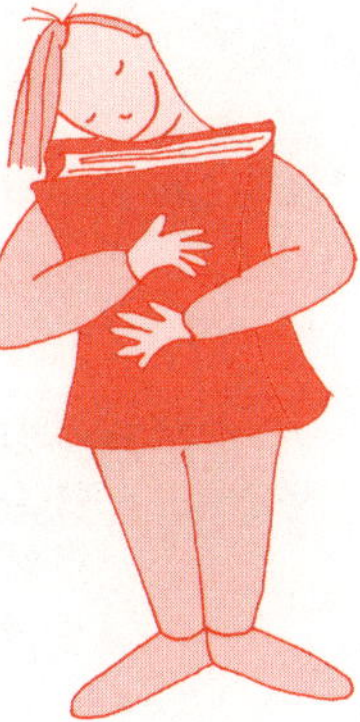

Lieber barfuss als ohne Buch.

Sprichwort aus Island

Es gibt weder moralische
noch unmoralische Bücher.
Bücher sind gut
oder schlecht geschrieben,
sonst nichts.

Oscar Wilde

Jeder Leser braucht
einen Buchhändler und einen
Bibliothekar seines Vertrauens.

Gute Bücher gehören zu
den Rohstoffen,
die glücklicherweise nie
knapp werden.

Welche Lektüre würde ich auf
eine einsame Insel mitnehmen?
Diese Frage sollte man sich
hin und wieder stellen –
und beobachten,
wie die Antworten wechseln.

Das Buch, das leben soll,
muss einen Schutzgeist haben.

Marcus Valerius Martial

Ein schön gestaltetes Buch
verdient es, so vorsichtig
umgeblättert zu werden,
als berühre man
Schmetterlingsflügel.

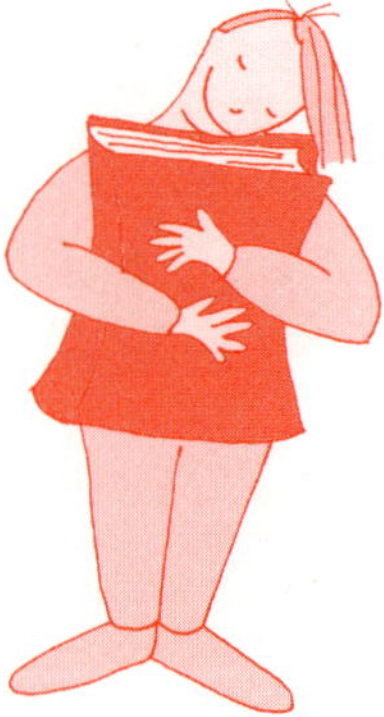

Das Schicksal der Bücher
ist geheimnisvoll.

Sully Prudhomme

Ein Künstler ist,
wer auch über schwere Dinge
leicht schreiben kann.

Die beiden anziehendsten
Möglichkeiten eines
Schriftstellers sind es,
Neues in vertrautem Licht
und Vertrautes in einem
neuen Licht zu zeigen.

William Makepeace Thackeray

Manche Bücher sind
wie fliegende Teppiche:
Sie tragen uns in nie
gesehene Länder.

Das Buch, das in der Welt
am ehesten verboten
zu werden verdiente,
wäre ein Katalogus von
verbotenen Büchern.

Georg Christoph Lichtenberg

Manche Bücher verdienen
eine zweite Chance.

Ich kann mir kaum vorstellen,
was für eine Art von Güte
ein Buch haben kann,
das seine Leser nicht
zum Guten führt.

Jean-Jacques Rousseau

Dasselbe Buch zu lieben,
kann eine wunderbare Brücke
zwischen zwei Menschen sein.

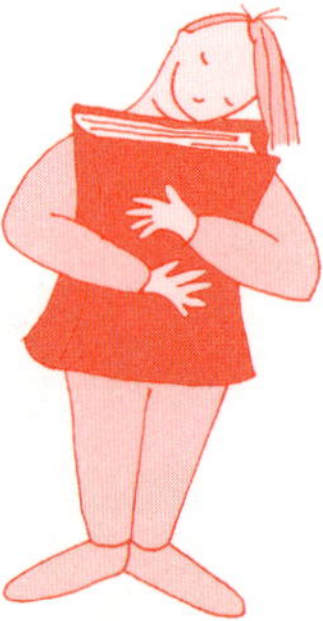

In Büchern liegt die Seele
aller vergangenen Zeiten.

Thomas Carlyle

Gute Schriftsteller erklären
uns nicht das Leben,
sondern sie begleiten uns dabei,
wenn wir unsere eigenen
Antworten finden.

Jeder Satz, jedes Buch,
so sich nicht selbst widerspricht,
ist unvollständig.

Friedrich Schlegel

Bücher können zu jedem Leser
anders sprechen.
Es gibt nicht nur
die eine Wahrheit.

Lesen ist für den Geist,
was Gymnastik für den Körper ist.

Joseph Addison

Bei manchen Büchern ist es
wie mit dem Sport:
Man muss sich erst warmlesen.

Übe dich selbst, indem du liesest,
und tu dazu etwas Nützliches,
indem du schreibst.

Hrabanus Maurus

Ein schwieriges Buch zu lesen
ist wie eine Gipfelwanderung:
Der beste Blick erschließt sich
von ganz oben.

Die schönsten Reisen
finden im Kopf statt.

Sprichwort aus Deutschland

Wie die Literatur sein mag,
sie ist stets schöner als das Leben.

Jules Renard

Stoßgebet eines
leidenschaftlichen Lesers:
»... und lass meinem
Lieblingsautor den Stoff
niemals ausgehen!«

Ich wäre lieber ein armer Mann
in einer Dachkammer voller
Bücher als ein König,
der nicht lesen mag.

Lord Thomas Babington Macaulay

Nicht nur Kinder freuen sich,
wenn man ihnen etwas vorliest.

Das Buch ist wie eine Rose,
beim Betrachten der Blätter öffnet
sich dem Leser das Herz.

Sprichwort aus Persien

Im Schein einer Leselampe
können wir mitunter
mehr Helligkeit wahrnehmen
als an einem strahlenden
Sommertag.

Wenn ich ein Buch lese,
ein gescheites ebenso wie ein
törichtes, ist es mir,
als lebte es und spräche mit mir.

Jonathan Swift

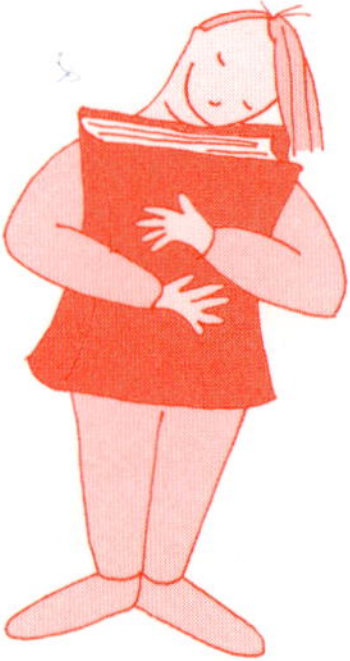

Wer mit einem Buch
unterwegs ist,
ist niemals so ganz allein.

Ich glaube,
man sollte überhaupt nur
solche Bücher lesen,
die einen beißen und stechen.

Franz Kafka

Manche Bücher sind
wie das Leben selbst:
Sie nehmen Wendungen,
mit denen wir nicht immer
gleich einverstanden sind.

Lesen ohne Nachdenken
macht stumpf;
Nachdenken ohne Lesen geht irre.

Bernhard von Clairvaux

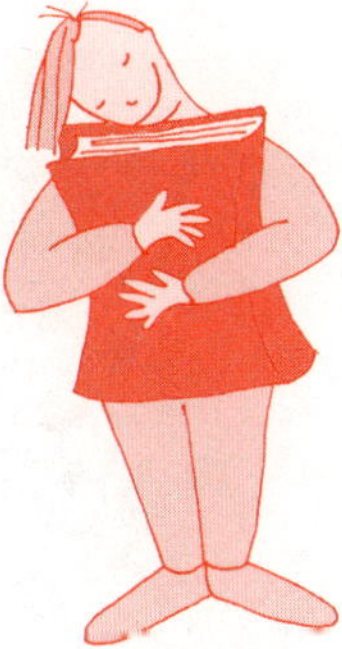

In guten Büchern kann man
immer wieder von Neuem
auf Entdeckungsreise gehen.

Mit Liebe und Fleiß lesen –
das ist das Verbindlichste
und Liebreichste,
was man einem Poeten
erzeigen kann.

Heinrich Heine

Willst du einen Menschen
besser verstehen,
so schau dir an, was er liest.

Dass sich der Leser in dem,
was in diesem Buch gesagt ist,
selbst wiedererkennt,
beweist dessen Wahrheit.

Marcel Proust

Bücher lassen sich ebenso wenig
von außen beurteilen
wie Menschen.

Zwischen zwei Buchdeckeln
finden oft ganze Welten Platz.

Die Literatur
gibt der Seele Nahrung,
sie bessert und tröstet sie.

Voltaire

Solange es Bücher gibt,
kann man nicht wirklich
unglücklich sein.

Manchmal muss man
Freunde besuchen,
um seine Bücher
wiederzusehen.

William Hazlitt

Seine Lieblingsbücher sollte man
besser nicht verleihen,
sondern neu kaufen
und verschenken.

Ich bin sehr für geliehene Bücher.
Hat man selbst das Buch,
glaubt man: ein andermal!

Theodor Gottlieb von Hippel

Gönnen wir doch
den literarischen Figuren
ihr Happy End!

Ein Buch ist ein Brief,
den man für alle
unbekannten Freunde,
die man auf der Welt besitzt,
schreibt.

Thomas De Quincey

Ein neues Buch aufzuschlagen,
das ist wie der Beginn einer
neuen Beziehung.

Wer das Alphabet erschaffen hat,
hat uns den Faden unserer
Gedanken und den Schlüssel
der Natur in die Hand gegeben.

Antoine Comte de Rivarol

Lesen ist wie
Früchtesammeln.
Nicht umsonst
spricht man auch
von der Weinlese.

Man soll nicht lesen,
um alles herunterzuschlucken,
sondern vielmehr sehen,
was man gebrauchen kann.

Henrik Ibsen

Der beste Text ist der,
bei dem weder ein Wort zu viel
noch eines zu wenig dasteht.

Das Unheil,
welches die schlechten
Bücher anrichten,
kann nur durch die guten
wieder ausgeglichen werden.

Germaine de Staël

Der Umgang mit
schlechten Büchern ist oft
gefährlicher als der Umgang
mit schlechten Menschen.

Wilhelm Hauff

Gute Bücher müssen
nicht blenden.
Sie leuchten von innen.

Bücher und Freunde soll man wenige und gute haben.

Sprichwort aus Spanien

Die Sprache
gleicht einem tiefen Wasser,
aus dem die Schriftsteller für uns
die wunderbarsten Wesen fischen.

Leser, pass auf:
Du wirst dein Vergnügen haben!

Lucius Apuleius

Ein liebenswerter Anker
im Seiten-Meer:
das Lesezeichen.

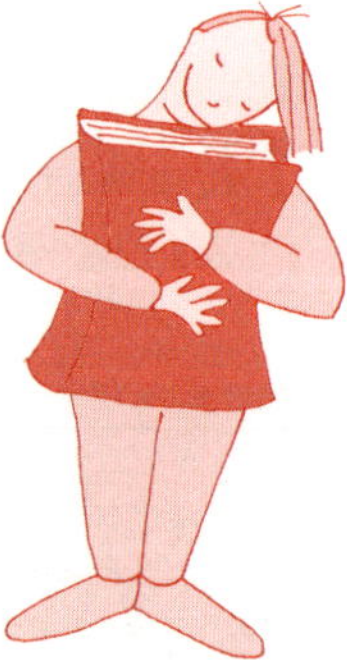

Man ist neugierig,
die Stellen im Buche zu lesen,
die ein andrer unterstrichen hat.

Jean Paul

Bücher sind wie Landschaften:
Man kann den Blick darüber
schweifen lassen.

Man sollte eigentlich
immer nur das lesen,
was man bewundert.

Johann Wolfgang von Goethe

Ein Buch ist
ein unentbehrlicher Reisebegleiter:
Es spricht, wenn wir wollen,
und es schweigt, wenn wir wollen.

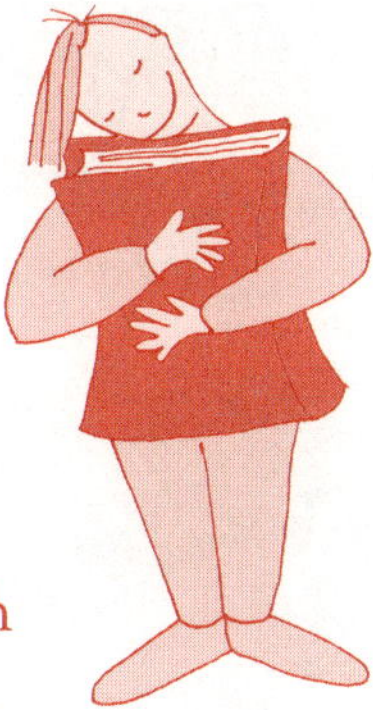

Beim Lesen lässt sich vortrefflich denken.

Leo Tolstoi

Ein Buch ist ein Freund,
der nie enttäuscht.

René Charles Guilbert de Pixérécourt

Lesen ist die Schwierigkeit,
ein Land fremder Fantasie mit
eigenen Gedanken zu bevölkern.

Kurt Tucholsky

Als Leser lernen wir
Menschen kennen,
denen wir im echten Leben
nie über den Weg laufen würden.

Denn mit den Geistern anderer
Jahrhunderte verkehren
ist fast dasselbe wie reisen.

René Descartes

Geschriebene Worte eröffnen
Räume voller Bilder und Töne.
Wie schön ist es,
in ihnen umherzustreifen!

In schönen Büchern blättert man gern.

Sprichwort aus Deutschland

Spannender Versuch:
Wem das Ende
einer Geschichte nicht gefällt,
der kann sich doch einfach mal
ein anderes ausdenken.

Und wenn mir alle Königskronen
für meine Bücher und meine
Freude am Lesen angeboten wären:
Ich würde sie ausschlagen.

François Fénelon

Bücher sind treu.
Manche begleiten uns
unser Leben lang.

Solange ich mich erinnern kann,
war das Lesen meine einzige
und liebste Beschäftigung.

Hans Christian Andersen

Wie wundervoll,
in ein neues Buch
hineinzuschnuppern!
Der Geruch frisch bedruckten
Papiers kitzelt die Phantasie.

Wenn ein Buch die Kraft besitzt,
dass ich mich in seiner Gesellschaft
vergessen kann,
dann werde ich zum Leser.

Jakob Wassermann

Gar nicht verrückter
Wunschtraum eines Lesers:
in ein Buch hineinsteigen
und in der Handlung mitleben
zu können.

Lesen ist vielleicht ein Schaffen
zu zweien.

Honoré de Balzac

Ein spannender Roman
ist wie ein schön
verpacktes Geschenk:
Da hat sich jemand für uns
Mühe gegeben!

Wer ein gutes Buch verschenkt,
der gibt mehr als Geld,
Brot und Arbeit, er gibt Friede,
Freude, Frohsinn.

Hermann Löns

Welch ein herrliches
Entspannungsmittel:
vor dem Einschlafen in einem
Kinderbuch zu schmökern!

Alle guten Worte dieser Welt
stehen in Büchern.

Sprichwort aus China

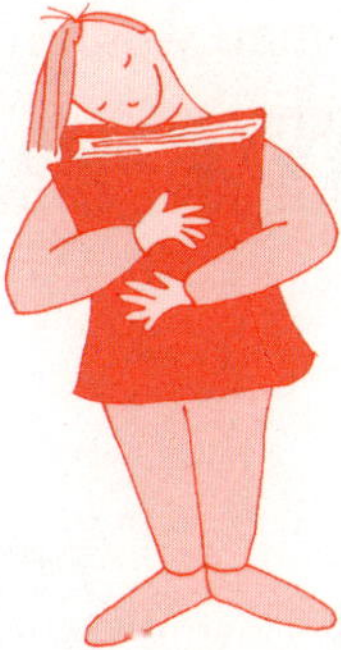

Auf jedes geschriebene Wort
kommen sicherlich zwei,
die wieder gestrichen wurden.
Auch das Streichen gehört
zur Kunst des Schreibens dazu.

Wenn man zu schnell
oder zu gemächlich liest,
versteht man nichts.

Blaise Pascal

Das Ende vorweg zu lesen
ist wie Naschen vor dem Essen:
Es verdirbt den Appetit.

Deutsch kann man
nicht korrekt schreiben,
man schreibt individuell
oder man schreibt schon schlecht.

Hugo von Hofmannsthal

Wer schreibt,
der bleibt.
Wer liest,
bleibt auch.

Eine gut ausgewählte
Büchersammlung ist und bleibt
der Brautschatz des Geistes
und des Gemüts.

Karl Julius Weber

Ebenso wichtig
wie die Urlaubsapotheke:
die Urlaubsbibliothek!

Mit Büchern habe ich das meiste Gespräch.

Lucius Annaeus Seneca

Es ist nie zu spät,
mit dem Lesen anzufangen.

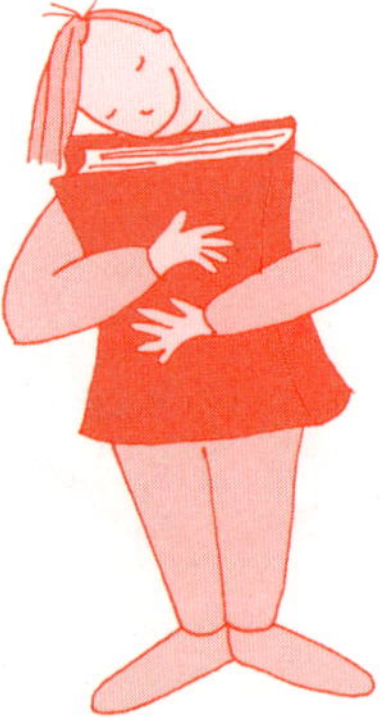

Kultur ist die Angewohnheit,
mit dem Besten zufrieden zu sein
und zu wissen, warum.

Henry van Dyke

Eine Wohnung wird durch Bücher
gleich noch mal so gemütlich.

Leihe nie Bücher
oder andere Dinge aus,
die dir geliehen worden sind.

Adolph Freiherr Knigge

Querlesen ist wie Fastfood.
Man wird schnell wieder hungrig.

Einige Bücher
soll man schmecken,
andere verschlucken und einige
wenige kauen und verdauen.

Francis Bacon

Die Zeit,
die wir in ein Buch investieren,
ist immer gut angelegt.

Schon oft hat das Lesen
eines Buches jemandes Zukunft
beeinflusst.

Ralph Waldo Emerson

Ein gutes Buch wegzuwerfen ist,
wie einen lieben Freund
vor die Tür zu setzen.

ÜBER DIE HERAUSGEBERIN

Christiane Schlüter, Autorin zahlreicher Sach- und Geschenkbücher zu Themen aus den Bereichen Psychologie, Spiritualität und Philosophie, liebt das Lesen seit Kindertagen. Später nahm sie das Schreiben hinzu – nach dem Studium der ev. Theologie zunächst als Zeitungs- und Zeitschriftenredakteurin, dann auch als Buchautorin. Christiane Schlüter leitet psychodramatische Workshops für Kreatives Schreiben. Bei Heyne ist bereits ihre *Kleine Gebrauchsanleitung für das Glück* erschienen.

Ohne eigene Bücher zu sein,
ist der Abgrund der Armut,
verweile nicht darin.

John Ruskin